Les sept sorcières

Une histoire écrite par Marie-Hélène Delval
illustrée par Zaü

J'AIME LIRE
BAYARD POCHE

La nuit des sorcières

Au royaume de Tracasserie, chaque samedi, les sorcières se réunissent dans la forêt du Pendu. Au douzième coup de minuit, elles arrivent sur leurs balais. Elles se posent dans la clairière, elles s'assoient autour du feu, et chacune raconte les mauvais sorts qu'elle a jetés pendant la semaine.

Elles sont sept : il y a Mira, Dora et Cora, Béline, Méline et Zéline, et enfin Raminazora, la plus savante et la plus sorcière de toutes les sorcières du pays.

C'est Mira qui commence :

– Jenny la meunière a battu son petit garçon parce qu'il voulait apprivoiser un crapaud. J'ai fait marcher son moulin à l'envers : la farine est redevenue du grain, le grain est rentré dans les sacs. Tout son travail est à recommencer !

Les sorcières s'écrient :

– Ha ha ! pisse de chèvre et bave de rat ! Voilà un bon tour de sorcière !

Cora continue :

– Bertrand le cordonnier a ressemelé les souliers du fermier Jacquot avec du carton, et lui a fait payer le prix du cuir. J'ai ensorcelé

toutes les chaussures de sa boutique, même celles qu'il avait aux pieds, et elles ont dansé toute une nuit sans s'arrêter ! Bertrand le cordonnier est couché depuis trois jours, tellement il est fatigué.

Les sorcières s'écrient :

– Ha ha ! fesse de truie et cuisse de chat ! Voilà un bon tour de sorcière !

Quand chaque sorcière a raconté ses mauvais sorts de la semaine, Raminazora prend la parole :

– Mes sœurs, je vous apporte une grande nouvelle : la nuit dernière, un bébé est né au château.

Toutes les sorcières se regardent et crient en chœur :

– Quoi ! Un bébé chez la reine et le roi !

Mira, Dora et Cora s'esclaffent :

– Ah ! notre roi de Tracasserie, paresseux comme une limace...

– ... gourmand comme un cochon...

– ... ça va faire un joli papa, ça !

Méline, Béline et Zéline pouffent et gloussent à leur tour :

– Et notre reine, gracieuse comme un coup de bâton...

– ... mauvaise comme trois cent mille poux...

– ... ça va faire une jolie maman, ça !

Les sorcières en pleurent de rire. Il faut bien dire que le roi et la reine de Tracasserie sont les plus horribles souverains qu'on ait jamais vus.

Alors Raminazora demande :

– Et le bébé, mes sœurs, à quoi peut-il ressembler ?

Les sorcières s'écrient :

– Ça doit être un monstre !

– Un singe !

– Un gnome !

– Un vilain ver à tête de rat !

– Ha ha ha !

Raminazora lève la main, et les sorcières arrêtent de rire.

– Écoutez-moi, mes sœurs. Aucune fée ne voudra jamais se pencher sur ce berceau !

D'ailleurs, il y a longtemps que les fées ont quitté le royaume

de Tracasserie.

C'est donc à nous, les sorcières, de nous occuper du bébé.

– Bravo ! crient toutes les sorcières. Allons-y tout de suite !

Aussitôt, chacune enfourche son balai, et les sept sorcières s'envolent droit vers le château.

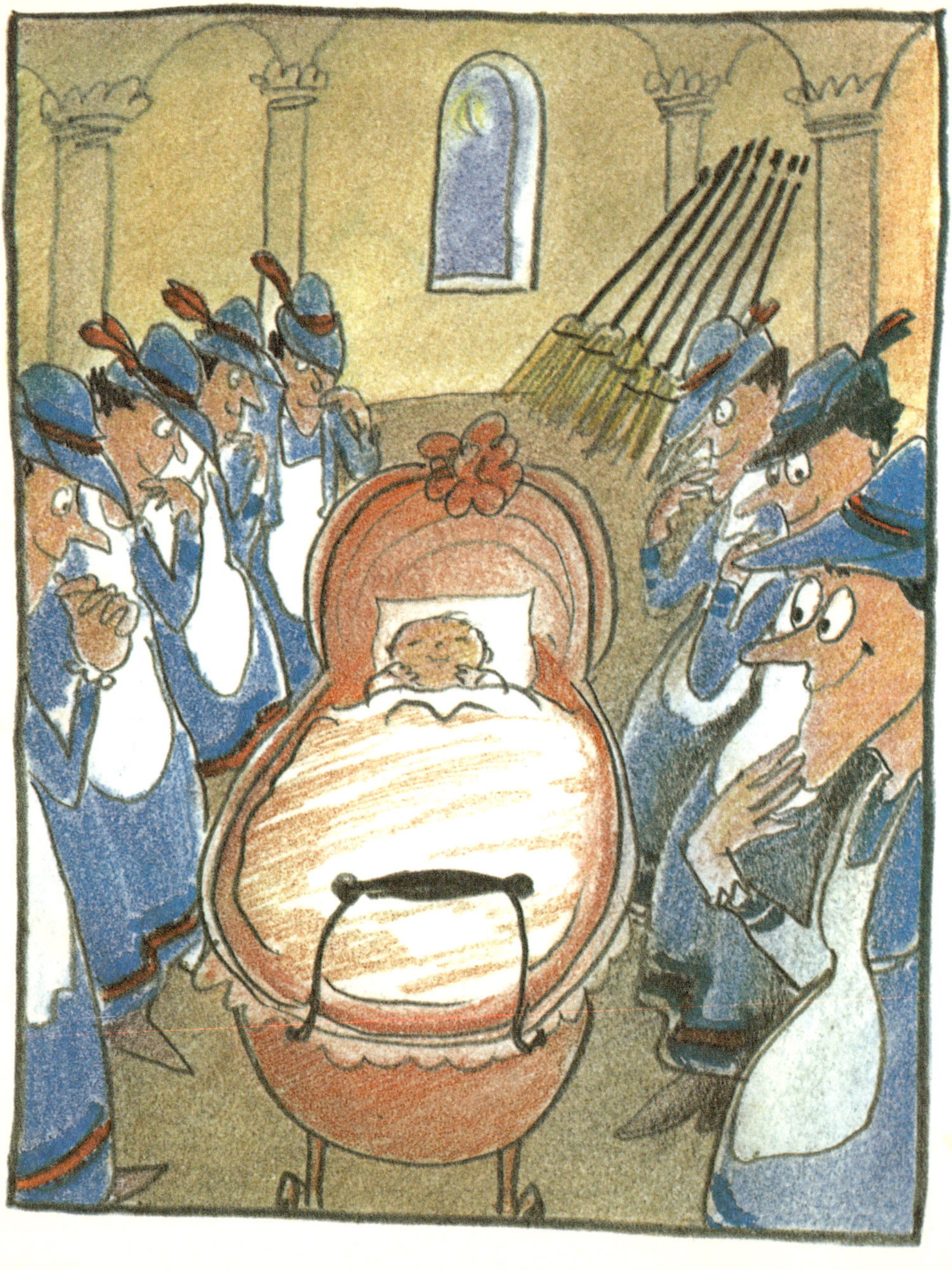

La princesse de Tracasserie

Au château, le roi et la reine sont furieux. Ils voulaient un garçon pour qu'il devienne roi plus tard. Et le bébé est une fille ! Alors la reine s'est écriée :

– Emportez cette guenon ! Qu'on l'enferme en haut de la septième tour, et qu'on ne m'en parle plus !

Quand les sorcières arrivent près du château, elles voient la fenêtre ouverte en haut de la septième tour. Elles entrent, et se penchent au-dessus du berceau. Le bébé est endormi.

Ce n’est pas un monstre, ni un singe, ni un gnome, ni un ver à tête de rat. C’est un bébé, tout simplement, pas plus beau et pas plus laid que n’importe quel bébé.

Toutes les sorcières le regardent sans rien dire. Maintenant, elles sont bien embarrassées. Car enfin, les sorcières ne sont pas des fées ! Elles ne savent dire que des paroles de mauvais sort !

Béline se décide la première. Elle tend la main gauche, et elle dit :

– Tu seras laide comme un dindon !

Mais en même temps, dans son dos, elle fait avec la main droite le signe magique qui renverse les mauvais sorts.

Puis c'est Méline qui lève la main :

– Tu chanteras comme un corbeau !

Mais en même temps, dans son dos, elle fait avec sa main droite le signe magique qui renverse les mauvais sorts.

– Tu danseras comme un crapaud !

– Tu seras bête comme une poule !

– Bavarde comme une perruche !

– Méchante comme une truie…

Et Raminazora ajoute :

– Quand tu pleureras, il tombera de tes yeux des poux, des punaises et des cloportes !

Mais en même temps, les sorcières font dans leur dos le signe magique qui renverse les mauvais sorts. Puis elles s'envolent et disparaissent dans la nuit.

Les jours passent, puis les mois, et la petite princesse grandit. Le roi et la reine l'ont complètement oubliée. Mais la vieille nourrice qui s'occupe d'elle est émerveillée par cette enfant si jolie, si gracieuse, et qui ne pleure jamais.

Chaque soir, une des sorcières passe au château. Elle laisse son balai à la porte des cuisines. Puis elle prend la forme d'un tourbillon ou d'un courant d'air, et elle traverse les corridors en laissant tomber çà et là quelques mauvais sorts.

Quelles crises de rire, le samedi à minuit, dans la clairière, quand les sept sorcières se réunissent !

La bonbonnière du roi s'est remplie de grenouilles, comme c'est bizarre !

– Au lieu de crème au chocolat, figurez-vous qu'on a servi au roi et à la reine un saladier plein de boue !

– À la place de sa robe de fête, devinez ? la reine a trouvé dans son armoire une énorme toile d'araignée !

Et toutes s'écrient en chœur :

– Ha ha ! bouse de génisse et sang de vipère, voilà un bon tour de sorcière !

Mais ce que les sorcières ne disent pas, c'est que, chaque soir, en repartant sur son balai, chacune passe devant une fenêtre en haut de la septième tour. Alors, elle dit très vite :

– Tu auras pour ton dîner un pain de graviers et une soupière de vase !

– Tes draps seront piquants comme les chardons et puants comme le fumier !

Mais en même temps, avec sa main droite, la sorcière fait dans son dos le signe magique qui renverse les mauvais sorts.

Les larmes de la princesse

Un jour, la petite princesse a quinze ans. Ce jour-là, on ne sait pas pourquoi, la reine, sa mère, se rappelle soudain qu'elle a une fille, en haut de la septième tour du château, et l'envie lui prend d'aller la voir.

La princesse est bien étonnée de voir entrer cette femme qu'elle ne connaît pas. Mais elle s'incline avec grâce et lui souhaite la bienvenue avec des mots charmants. Alors la reine, voyant sa fille si belle et si gracieuse, est saisie d'une folle jalousie. Elle se jette sur elle en hurlant.

Elle la gifle, elle la griffe, elle lui tire les cheveux, et finalement elle la pique méchamment avec une aiguille à tricoter !

La pauvre enfant sent pour la première fois les larmes monter à ses yeux et ruisseler sur ses joues. Mais la reine recule, stupéfaite : ce ne sont pas des larmes qui roulent sur les joues de la princesse, ce sont des diamants !

La reine les ramasse avidement. Puis elle disparaît dans l'escalier. Elle court jusqu'à la chambre où le roi mange des bonbons, enfoncé dans ses coussins.

– Regardez, mon ami ! crie la reine en lui mettant les diamants sous le nez. Regardez ! Nous sommes riches ! Et nous le serions depuis longtemps, si vous n'aviez pas eu la bêtise d'enfermer notre fille dans cette tour. Ça fait quinze ans de perdus ! Mais je vais me rattraper. Ah ! les larmes de mademoiselle ne sont pas les larmes de tout le monde ! Eh bien, je me charge de la faire pleurer.

Le roi suce ses doigts, et il répond en crachotant :

– Faites comme il vous plaira, mon amie.

Alors, une vie épouvantable commence pour la princesse. Sa mère monte à la tour plusieurs

fois par jour pour la griffer, la battre et la houspiller. Elle redescend, les mains remplies de perles et de diamants.

D'abord, les sorcières ne s'aperçoivent de rien. Elles ne passent que le soir devant le château, quand la princesse est déjà endormie.

Mais un soir, Raminazora, sous la forme d'une mouche, volette à travers la salle à manger où le roi et la reine sont en train de dîner. La reine porte au cou un triple collier de diamants : ils sont si étincelants que Raminazora, stupéfaite, se pose sur le rebord de la carafe pour mieux les regarder.

Un instant plus tard, les diamants, trans-

formés en eau, dégoulinent dans le corsage de la reine.

Raminazora s'envole en bourdonnant de rire, mais elle est inquiète.

Le soir même, elle convoque toutes les sorcières en réunion extraordinaire à la clairière du Pendu.

La fuite

Quand les sept sorcières sont rassemblées, Raminazora leur raconte l'histoire des diamants.

– Mais, dit Cora, ce collier était peut-être un cadeau d'un roi voisin, pour l'anniversaire de la reine ?

Dora s'esclaffe :

– Tu as déjà vu un roi voisin faire un cadeau à la reine de Tracasserie ?

Raminazora remue la tête :

– Non, non, mes sœurs. Ces diamants étaient

des larmes de la princesse. Je n'en ai vu de semblables qu'une seule fois dans ma vie de sorcière.

Je n'étais alors qu'une jeune sorcière débutante. La fée Myriane m'avait prise en amitié. Elle m'a appris bien des choses !

Un jour, dans un champ, nous avons rencontré une petite bergère qui pleurait. Elle était trop pauvre pour épouser celui qu'elle aimait...

– Et que s'est-il passé ? demandent les sorcières.

– Vous le devinez !

La fée Myriane a transformé les larmes de la bergère en diamants. Et c'étaient les

mêmes diamants que ceux de la reine, exactement les mêmes !

– Tu en es sûre ?

– Tout à fait sûre ! D'ailleurs, comme vous savez, seuls les diamants magiques redeviennent de l'eau quand ils sont touchés par un mauvais sort. Les autres diamants, eux, se transforment en sable.

– C'est vrai ! s'exclame Dora.

Et toutes ensemble, elles s'écrient :

– Qu'allons-nous faire ?

Pendant ce temps, au château de Tracasserie, tout le monde est endormi.

Une seule petite lumière brille encore, dans la chambre isolée en haut de la septième tour.

La vieille nourrice a sorti de sa poche une grosse clé de fer, et elle la tend à la princesse en chuchotant :

– Regardez, mon enfant, j'ai volé cette clé au gardien. Elle ouvre une petite porte, tout en bas de la tour. Prenez cette clé, et fuyez ! Courez jusqu'à la forêt, une bonne fée vous prendra peut-être sous sa protection. Et surtout, surtout, pour l'amour du ciel, ne revenez jamais au château

La princesse prend la clé. Elle embrasse sa

nourrice en pleurant, et des diamants roulent sur ses joues. La princesse les met dans la main de la vieille femme en disant :

– Prenez-les, ma nourrice, et quittez le château, vous aussi ! Ces diamants vous permettront de vivre à votre aise.

Puis elle descend en courant le sombre escalier de pierre. Elle ouvre la petite porte, et part en courant à travers la campagne, droit vers la Forêt du Pendu.

Un cheval de sorcières

La lune brille, et de grandes ombres bougent entre les arbres. La princesse court longtemps. Sa robe et ses cheveux s'accrochent aux branches. Enfin, terrifiée, épuisée, elle s'écroule sur le sol et s'endort profondément.

Dans la clairière, autour du feu qui s'éteint, les sorcières discutent. Soudain, Méline lève la tête.

– Vous n'avez rien entendu ?

Toutes les sorcières se taisent. Dans le silence, elles entendent une sorte de long soupir.

– Chut, écoutez ! dit Raminazora. On dirait un sanglot.

Les sorcières avancent prudemment, en essayant de ne pas faire craquer les feuilles sous leurs pieds. Soudain, Mira s'arrête :

– Regardez !

Les sept sorcières se penchent :

– Mais c'est notre petite princesse !

– Chut ! il ne faut pas la réveiller, dit Raminazora. Venez, mes sœurs, laissons-la dormir ! Et puisqu'elle s'est enfuie du château, voyons ce que nous pouvons faire pour l'aider.

Les sorcières se rassoient autour du feu, et elles se mettent à réfléchir :

– Ce qu'il lui faudrait, dit Mira en levant les yeux, c'est un gentil prince pour l'épouser !

– Oh là là ! s'écrie Cora. Tu ne vas pas lui mettre un mari dans les bras !

– C'est vrai, ajoute Dora. Elle a le temps, cette petite. Laisse-la un peu vivre sa vie !

– Bon, dit Mira. Ne vous fâchez pas. Pourtant, un mariage, c'est si joli !

– Trouvons autre chose, dit Béline.

– Oui, dit Méline. Trouvons quelque chose de plus amusant.

Zéline propose timidement :

– Elle pourrait peut-être voyager ?

Raminazora approuve :

– Bonne idée ! Rien n'est plus intéressant que de voyager et de découvrir le monde. Qu'en pensez-vous, mes sœurs ?

– Oui, oui ! bravo ! qu'elle voyage ! s'écrient toutes les sorcières.

– Et nous l'accompagnerons discrètement, dit Mira.

– Ah non ! s'écrie Cora. Elle peut se débrouiller toute seule !

Dora ajoute, en faisant un clin d'œil :

– D'ailleurs, nous allons bourrer ses bagages de mauvais sorts !

Raminazora frappe dans ses mains :

– Ne perdons pas de temps. Le jour va

bientôt se lever. Il faut à la princesse un bon cheval et des bagages. Vite, mes sœurs, au travail !

Alors les sorcières se rapprochent du feu, et elles commencent à chanter d'étranges paroles :

Quatre sabots, quatre pierres,
une forêt, une crinière,
un peu de vent, un peu de terre,
crin d'étalon, œil de pur-sang,
voilà un cheval de sorcière !

Encore un tour de sorcière

Au petit matin, la princesse se réveille. Elle se sent merveilleusement reposée. Dans la clairière, un cheval blanc, tout harnaché, semble l'attendre.

La princesse s'approche. Deux larges sacoches de cuir sont accrochées à la selle. Elles contiennent tout ce qu'il faut pour un long voyage.

La princesse caresse le museau du cheval, et elle pense :

– Ma chère nourrice avait raison. C'est sûre-

ment une bonne fée qui m'a prise sous sa protection.

Le cheval baisse la tête et souffle. Un mouvement agite les brins d'herbe, comme si un doigt invisible écrivait sur le sol.

Petit à petit, des mots se forment dans l'herbe, et la princesse lit : « Ce cheval est à toi. Où tu voudras aller, il te conduira. »

La princesse n'hésite pas : elle saute sur le cheval, qui part aussitôt au galop vers le soleil levant.

– Et voilà ! dit Zéline.

– Et voilà ! dit Méline.

C'est samedi. Il est minuit. Les sorcières sont rassemblées dans la clairière.

Elles sont un peu mélancoliques. Bien sûr, elles ont bourré les bagages de la princesse de mille mauvais sorts retournés. Mais elles sont tout de même inquiètes.

– Vous êtes sûres qu'on n'a rien oublié ? demande Cora.

Dora ajoute :

– L'une de nous aurait tout de même pu l'accompagner !

– Allons, mes sœurs ! dit Raminazora. Cessez

de vous tourmenter pour la princesse. Elle est libre, et je suis certaine qu'elle n'a jamais été aussi heureuse.

Occupons-nous plutôt de notre royaume de Tracasserie ! L'une de vous a-t-elle quelque chose de nouveau à proposer ? Qui a une idée ?

– Moi ! s'écrie Béline.

Elle se met à chuchoter, et toutes les autres se penchent pour l'écouter. Quand elle se tait, les sorcières éclatent de rire :

– Ha ha ! corne de bouc et queue de crapaud ! C'est exactement ce qu'il faut faire !

Le lendemain matin, sept petites abeilles, volant les unes derrière les autres, entrent dans le château par la fenêtre des cuisines.

Bientôt, un cri strident retentit dans la chambre de la reine :

– Ah ! mes colliers ! ah ! mes bracelets ! ils fondent !

Presque aussitôt, un hurlement s'élève dans la chambre du roi :

– Ah ! ma couronne ! ma ceinture ! elles coulent !

Dans la salle royale, le valet s'aperçoit soudain qu'il a les pieds dans l'eau : le trône incrusté de brillants ruisselle comme une fontaine !

Quelle panique dans le château ! Les diamants montés en bijoux, incrustés dans les meubles, cousus sur les vêtements, tous les diamants arrachés à la princesse ne sont plus

que de l'eau qui coule en rigoles dans tous les coins. La reine s'évanouit, le roi s'étouffe, les valets pouffent de rire, pendant que les servantes courent partout avec les serpillières.

Dans la cour du château, il y a sept balais qui attendent, appuyés contre le mur…

J'AIME LIRE

Les premiers romans à dévorer tout seul

Se faire peur et frissonner de plaisir **Rire et sourire avec**

des personnages insolites **Réfléchir et comprendre la vie de**

tous les jours **Se lancer dans des aventures pleines de**

rebondissements **Rêver et voyager dans des univers fabuleux**

Achevé d'imprimer en janvier 2005 par Oberthur Graphique
35 000 RENNES – N° Impression : 6246
Imprimé en France